I0005296

Sommario

Premessa

Tutti i giorni ci svegliamo e siamo ormai circondati da tanta tecnologia, in particolare il Web ricopre un ruolo fondamentale: usiamo un sito Web per controllare la posta elettronica, un altro sito per le previsioni meteorologiche, un altro ancora per decidere dove andare in vacanza ecc.

Tutto questo ci fa capire quanto sia davvero importante per un'azienda o un'attività commerciale avere una vetrina sul mondo a cui esporre i propri servizi. Migliore sarà la vetrina, migliore sarà l'esperienza dell'utente che potrà, quindi, diventare un cliente. Molti di questi siti Web utilizzano PHP, un linguaggio di scripting progettato essenzialmente per generare contenuti HTML. Esistono milioni di siti Web che usano PHP e probabilmente avrai sentito parlare di CMS come Wordpress o Joomla, anche loro usano PHP.

Si tratta di un linguaggio abbastanza maturo, essendo nato nel 1994, che offre molte funzionalità importanti per il Web come la possibilità di creare grafici, creare PDF o integrare un database Oracle o MySQL. Si tratta di un linguaggio particolarmente apprezzato per la sua facilità d'uso, avendo una curva d'apprendimento davvero bassa, scalabilità ma anche perché trattandosi di un software open-source gode di un ottimo supporto della community.

PHP è uno tra i tanti linguaggi usati server-side per la creazione di pagine Web, infatti, attraverso un parser e un server Web è possibile integrare codice PHP al nostro HTML. Questo non è l'unico modo in cui poterlo usare, infatti, è possibile eseguire script da riga di comando per amministrazione di sistema o eseguire dei CRON (attività schedulate) oppure è possibile usare PHP per la creazione di interfacce per l'utente tramite alcune librerie come PHP-GTK. In questo libro ci concentreremo sull'utilizzo del linguaggio lato server che è l'utilizzo principale per i nostri lettori e, soprattutto, forniremo molti esempi ed esercizi per acquisire confidenza con il linguaggio e con la sua sintassi.

Grazie alla sua portabilità e al supporto della community di sviluppatori è possibile usare PHP su tutti i sistemi operativi e con tutti i principali Web server, compatibilità estesa anche a tutti i principali database, sia di tipo SQL che noSQL.

A chi si rivolge il libro

Questo libro si rivolge principalmente a sviluppatori Web e siamo sicuri che attraverso un po' di teoria e tanti esercizi apprezzerai la flessibilità, la praticità e la velocità di questo linguaggio. Il libro è principalmente destinato agli utenti che non conoscono questo linguaggio e non è richiesta una conoscenza approfondita della programmazione Web né dei database. La conoscenza di HTML e CSS è fondamentale in modo da apprendere subito e al meglio il linguaggio PHP per potersi concentrare sulla sua sintassi. Alla fine di questo libro sarai in grado di creare la tua piccola applicazione in PHP, che con impegno e dedizione potrà divenire un e-commerce, un plugin per Wordpress, un'applicazione interamente scritta in PHP con interfaccia utente in PHP. Questo è il bello del nostro lavoro: puoi creare tutto quello che vuoi (o quasi), basta essere tenaci e curiosi. La tenacia ti spinge a non abbandonare mai la barca anche se in alto mare, la curiosità ti spinge verso nuovi mondi da esplorare e nuove soluzioni da adottare. Questo è il tipo di programmatori che ci piacciono.

Dov'è il codice?

Nella stesura del libro troverai spesso riferimenti a codice HTML e PHP. Evidenzieremo con il font monospaziato e con colori diversi sia il codice HTML che quello PHP. In questo modo esalteremo le parole chiave per un apprendimento ancora più rapido e vicino agli IDE che utilizzerai.

Un blocco di codice HTML si presenterà con questo stile:

```html
<html>
<head>
   <title>Ciao Mondo</title>
</head>
<body>
   <?php echo "Ciao, mondo!"; ?>
</body>
</html>
```

Un blocco di codice PHP si presenterà così:

```php
<?php
    $a = 3;
    function somma()
    {
      $a += 2;
    }

    somma();
?>
```

Input e Output da riga di comando si presentano nel seguente modo:

sudo apt-get install php5 libapache2-mod-php5 php5-mcrypt

Termini nuovi, parole importanti, cartelle o directory ed elementi dell'interfaccia sono riportati in *corsivo*.

Requisiti

Il linguaggio PHP è destinato a programmatori Web pertanto è fondamentale conoscere il linguaggio di markup HTML, in modo da sapere cos'è un tag, cosa sono le sezioni *head* e *body* e le differenze tra loro. Inoltre è preferibile che il lettore che si appresta a conoscere ed utilizzare PHP sappia cosa sono i CSS, sappia usarne le proprietà anche se a livello basico così come è preferibile conoscere JavaScript.

Questi requisiti sono soltanto un nostro consiglio ma se non avete le conoscenze descritte potete comunque continuare la lettura, probabilmente qualche passaggio lo dovrete rileggere o fare una breve ricerca per afferrare meglio il concetto.

Non è fondamentale sapere già cosa è un web server né come installarlo dato che andremo a spiegare tutto ciò nei primi capitoli del libro.

Le basi

PHP è un linguaggio di scripting che serve per creare pagine Web dinamiche, gestire dei file, accedere ai cookie del browser ed infine accedere ai database più usati. Tutto questo grazie ad una sintassi semplice e facile da imparare, con una produttività molto alta e tutto in nome della portabilità. Andiamo ad analizzare meglio di cosa si tratta.

Cos'è PHP?

PHP è l'acronimo di *PHP Hypertext Processor* e da già questo si capisce che si tratta di un linguaggio interpretato. In realtà si tratta di un linguaggio di scripting molto usato lato server ma che può essere usato anche lato client grazie ad alcune librerie. E' un software open-source quindi gratuito, facile da installare e chiunque può contribuire allo sviluppo del progetto.

PHP è davvero molto diffuso infatti basta pensare che molti CMS come Wordpress, Joomla, Drupal sono scritti in questo linguaggio perciò sono moltissimi i siti Web che lo usano tra i quali anche Google, Facebook, Amazon e Youtube ecc.

Data la sua età (nato nel 1994) PHP ha subito diversi cambiamenti che sono stati il frutto di varie *release*: le più diffuse oggi sono la versione 5.6 e la versione 7. La versione 5.6 è stata rilasciata nel 2014 ed è la versione che usano ancora molte applicazioni dato che la migrazione alla versione 7non è assolutamente priva di sforzi. La versione 7 infatti è stata rilasciata nel 2015 e si tratta di una *major release* che porta con sé diverse novità: è molto più veloce della 5.6, migliore gestione delle eccezioni, nuovi operatori e tanto altro.

In questo libro useremo la versione 7 in quanto ultima in ordine cronologico e con molte novità e strumenti che semplificano la vita di noi programmatori.

A breve analizzeremo nel dettaglio vantaggi e svantaggi di PHP facendo anche un confronto con altri linguaggi che probabilmente conosci già ma adesso vediamo dove e come interviene PHP in tutti i siti che visitiamo. Molte applicazioni Web sono composte da un client (per esempio il tuo PC) che invia delle richieste ad uno o più server. Il server decodifica le richieste nel nostro caso tramite PHP ed invia la risposta al client tramite pagina HTML, JSON o XML. In questo modo il browser interpreta la risposta del server e la mostra all'utente.

Pensiamo al login su Facebook per esempio: il nostro browser farà una richiesta al server tramite il protocollo HTTP con le nostre credenziali, il server verifica le credenziali e, se corrette, ci farà proseguire verso l'homepage di Facebook altrimenti ci restituirà un messaggio d'errore.

La differenza tra PHP e altri linguaggi di scripting, come JavaScript per esempio, consiste nell'esecuzione lato server del codice che non consente a malintenzionati o anche all'utente finale di esplorare le istruzioni eseguite o da eseguire.

Essendo stato progettato per il Web questo linguaggio ci permette di utilizzare le richieste HTTP in modo davvero semplice tanto che recuperare i dati dal nostro database o scriverli al suo interno sarà davvero facile. Purtroppo anche PHP ha vantaggi e svantaggi, andiamo a vederli nei prossimi paragrafi.

I vantaggi di PHP sono molteplici a partire dalla sua portabilità ovvero si tratta di un linguaggio che può essere eseguito su molte piattaforme (Windows, Mac, Linux, Unix ecc). Questa stessa portabilità si può riscontrare sulla compatibilità con quasi tutti i principali Web server, evidenziando ed elogiando il lavoro intenso e produttivo svolto dalla community.

La community svolge un ruolo fondamentale dato che revisiona e potenzia il linguaggio open-source ad ogni nuova versione, focalizzandosi sulla semplicità d'uso e sviluppando una miriade di librerie e framework davvero molto usati come Laravel, CodeIgniter, CakePHP.

Il lavoro della community si nota anche riguardo la sicurezza delle applicazioni Web sviluppate con PHP, il quale consente di prevenire attacchi malevoli alla nostra applicazione.

PHP sembra non presentare molti punti a suo sfavore ma nonostante ciò è possibile evidenziare una scarsa modularità nella progettazione del linguaggio pertanto potrebbe essere difficile gestire grandi applicazioni tramite PHP.

Un altro aspetto negativo è la cosiddetta *tipizzazione debole* che si verifica se un linguaggio consente un'operazione che ha operandi di tipo diverso. Per questo è fondamentale prestare attenzione alle conversioni di tipo soprattutto adesso che stai per imparare il linguaggio. Questa tipizzazione può portare ad errori non previsti dato che PHP associa automaticamente un tipo di dati alla variabile, puoi aggiungere una stringa a un intero senza causare un errore. A partire da PHP 7 si è cercato di limitare questi casi tramite delle dichiarazioni di tipo che consentono di generare un errore in caso di mancata corrispondenza di tipo per una funzione.

L'ultimo punto a svantaggio di PHP ma che sostanzialmente è insito nella natura open-source di ogni prodotto/linguaggio è la sicurezza perché nonostante l'impegno della community, chiunque può avere accesso al codice, individuare delle vulnerabilità ed infine sfruttarle per degli attacchi malevoli. Immagina quanto sia grande l'impatto che può avere una vulnerabilità all'interno di PHP se sfruttata per attacchi a Wordpress, Joomla o altri CMS.

Da questi aspetti deriva la necessità di aggiornare periodicamente sia la versione di PHP sia la versione del CMS usato per ogni sito Web. E' purtroppo noto che a volte l'aggiornamento di una versione comporta delle modifiche al vostro codice ma è fondamentale per la sicurezza così come per le prestazioni e per i nuovi strumenti che vengono messi a disposizione.

Programmare in PHP

Dopo aver compreso gli aspetti principali vediamo cosa ci serve per poter iniziare a programmare in PHP. Avremo bisogno di un server Web, un editor di testo e di un database.

Riguardo il server Web ci sono diverse soluzioni possibili a seconda del sistema operativo di cui disponiamo ma considerata l'interoperabilità del linguaggio possiamo usare *Apache* o *Nginx,* che sono tra i più usati. Per le nostre installazioni e per i nostri esempi useremo Apache come Web server. Anche per l'editor di testo è possibile usare quello che ci piace di più, probabilmente i più diffusi sono Notepad++ (solo per Windows), Atom e Sublime.

Ambiente di sviluppo

Per la creazione dell'ambiente di sviluppo abbiamo due scenari possibili: usare un software per l'installazione automatica di tutto il necessario oppure installare tutto il necessario manualmente.

Dato che per ogni sistema operativo l'installazione manuale è differente e coinvolge diversi elementi (web server, PHP e database) abbiamo optato per una soluzione più rapida ed efficace dato che l'obiettivo è più imparare il linguaggio e non solo come configurare una macchina.

Ci sono diversi software a disposizione, alcuni *cross-platform* come *AMPPS* e *XAMPP* altre disponibili solo per alcune piattaforme come *WAMP* (solo Windows) e *MAMP* (solo Mac e Windows). Di seguito le analizziamo brevemente per capirne le differenze:

- AMPPS: è un pacchetto che compre Apache, MySQL, PHP, Python e Softaculous (che serve per installare Web app in un sito internet). E' un pacchetto completo che predispone un pannello di amministrazione e l'installazione rapida di alcuni dei più famosi CMS;

- WAMP: comprende Apache, MySQL e PHP e consente di abilitare facilmente le estensioni di Apache e PHP;

- XAMPP: è uno dei più usati anche perché indipendente dal sistema operativo e abbastanza minimale ma consente l'installazione rapida dei principali CMS;

- MAMP: nato per Mac ma poi esteso anche a Windows comprende Apache, MySQL, PHP, Python e Perl.

In questo libro vedremo un'installazione standard di XAMPP e come eseguire un file con estensione *.php*:

Innanzitutto scaricare dal sito https://www.apachefriends.org/it/index.html il file di installazione per la propria piattaforma. Dopo averlo scaricato lanciare l'installazione e seguire la procedura guidata:

Verrà chiesto quali componenti installare (lasciate tutto selezionato), lasciate la cartella di default per l'installazione e completare l'installazione aprendo il pannello di controllo.

Vi troverete davanti ad un pannello da cui è possibile gestire tutte le componenti fondamentali per il nostro sito Web, clicchiamo su Start per Apache e MySQL per consentire l'esecuzione dei nostri script e poter utilizzare il database per accedere/scrivere i nostri dati.

Se l'installazione è andata a buon fine vedremo un pannello di questo tipo:

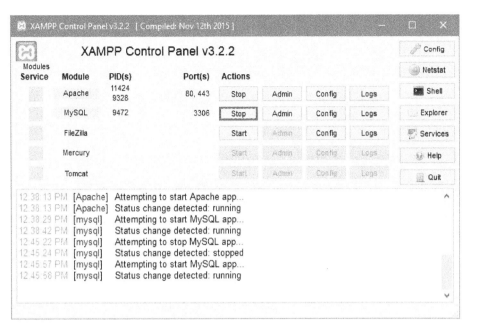

Nella cartella di default definita nell'installazione troverete una cartella *htdocs* che si riferisce al web server. In questa cartella possiamo inserire i nostri file con estensione *.php* e per verificare che tutto funzioni apriamo il browser web e digitiamo *localhost*. Il browser mostrerà la lista di file memorizzati nella cartella *htdocs* e cliccando sul nostro file PHP verrà eseguito lo script definito.

Possiamo definire delle sottocartelle a cui possiamo accedere tramite il browser, ad esempio creando la cartella di nome *scriptPHP* possiamo accedere dal browser tramite l'URL *localhost/scriptPHP*.

Statement e variabili

La sintassi di ogni file PHP ha estensione *.php* e deve includere un tag di apertura *<?php* e uno di chiusura *?>*. Ogni riga di codice è detta *statement* e deve avere un carattere che permette all'interprete di capire la fine di una stringa ovvero il punto e virgola *;*.

PHP non è un linguaggio case-sensitive infatti possiamo usare i caratteri maiuscoli o minuscoli indifferentemente ma è comunque una buona prassi avere una coerenza all'interno del codice scritto.

E' possibile definire un commento su linea singola tramite con i prefissi *#* o *//* mentre un commento su riga multipla inizia per */** e termina per **/*.

Di seguito riportiamo un breve script PHP:

```php
<?php
    // Definisco una variabile
    $colore = "bianca";
    echo "La mia casa è " . $colore;
?>
```

Nello script riportato abbiamo definito una variabile a cui abbiamo assegnato una stringa che contiene il valore *bianca*. Dato che PHP è un linguaggio con tipizzazione debole potremmo anche attribuire un nuovo valore a questa variabile, ad esempio un valore numerico. In questo senso PHP 7 ha introdotto delle novità che vedremo a breve.

Per mostrare i dati sullo schermo abbiamo usato la funzione *echo* e la concatenazione quindi sul nostro schermo vedremo la frase *La mia casa è bianca.*

Ogni variabile ha un contesto o un ambito di azione detto *scope* ed in PHP ne esistono tre tipi diversi: globale, locale e statico. Una variabile con scope globale e dichiarata all'esterno di una funzione può essere usata solo all'esterno della funzione:

```php
<?php
    $x = "Prova"; // scope globale

    function test() {
        // usando la variabile x, genererà un errore
        echo "Variabile x nella funzione vale: $x";
    }
    test();

    echo "Variabile x fuori dalla funzione vale: $x";
?>
```

In questo caso il valore di *$x* all'interno della funzione sarà nullo perché non è possibile referenziare la variabile definita, al contrario di una variabile con scope locale:

```php
<?php
function myTest() {
    $x = "Prova"; // scope locale
    echo "Variabile x nella funzione vale: $x";
}
myTest();

// usando la variabile x, genererà un errore
echo "<p>Variabile x fuori dalla funzione vale: $x</p>";
?>
```

Analizziamo adesso l'ultimo tipo di scope ovvero quello statico. Di solito in PHP dopo aver eseguito una funzione viene eseguita una pulizia delle variabili che non sono più necessarie a meno che non siano definite tramite la parola chiave *static*.

Definiamo una funzione che incrementa semplicemente una variabile in modo da usare e vedere come funziona una variabile con scope statico.

```php
<?php
    function conta() {
        static $x = 0;
        echo $x;
        $x++;
    }

    conta();
    echo "<br>";
    conta();
    echo "<br>";
    conta();
?>
```

Il seguente codice è integrato in una pagina HTML nel suo tag *body* in modo che faccia parte della sezione dedicata alle componenti visibili di una pagina Web. In questo caso il risultato sarà una pagina Web contenente 0,1,2 su righe distinte.

In PHP esistono diversi tipi di dati infatti oltre ai dati primitivi come *String, Integer, Float* e *Boolean* che vedremo nel corso del libro esistono anche tipi più interessanti come *Array, Object, NULL, Resource.*

Per verificare il tipo di dato di una variabile è possibile usare il metodo *var_dump(variabile):*

```php
<?php
    $x = "Prova!";
    var_dump($x);
    echo "<br>";
    $x = 5;
    var_dump($x);
    echo "<br>";
    $x = 5.2;
    var_dump($x);
    echo "<br>";
    $x = true;
    var_dump($x);
    echo "<br>";
    $x = array("Mela","Pera","Fragola");
    var_dump($x);
    echo "<br>";
    $x = null;
    var_dump($x);
?>
```

L'output di questo blocco di istruzioni sarà composto dal tipo della variabile *$x* seguito dal suo valore, il tutto su righe diverse poiché stampiamo un'interruzione di riga (elemento *
 HTML)*:

```
string(6) "Prova!"
int(5)
float(5.2)
bool(true)
array(3) { [0]=> string(4) "Mela" [1]=> string(4) "Pera"
[2]=> string(7) "Fragola" }
NULL
```

Cos'è un array? E' semplicemente un contenitore di più elementi che possono anche essere di tipo diverso tra loro. Nell'esempio precedente abbiamo creato una variabile che contiene il nome di diversi frutti, possiamo in qualsiasi momento accedere a quei dati o usarli per effettuare dei cicli.

Per creare un array in PHP usiamo la funzione *array()* e abbiamo diversi tipi di array a seconda delle necessità. Presumiamo uno scenario tipico dove vogliamo memorizzare dei frutti in una variabile e successivamente accedervi tramite indice:

```php
<?php
    $frutta = array("Mela","Pera","Fragola");
    echo "I frutti che conosco sono: " . $frutta[0]
    . ", " . $frutta[1] . " e " . $frutta[2] . ".";
?>
```

Come puoi notare abbiamo creato una variabile di tipo array e abbiamo successivamente recuperato i valori assegnati tramite un indice. Nota bene che PHP, come altri linguaggi di programmazione, ha la numerazione degli indici che parte da 0 quindi l'indice del primo elemento (in questo caso *Mela)* sarà 0. Inoltre possiamo notare che per concatenare delle stringhe si può usare il punto perciò prestare attenzione tra punto inteso come concatenazione di stringhe e punto all'interno di una stringa.

L'output di questo script è:

I frutti che conosco sono: Mela, Pera e Fragola.

Un altro tipo di array disponibile in PHP associa ad una stringa un valore creando un *array associativo*. Un array di questo tipo si ha quando ad ogni persona associamo la sua età:

```php
<?php
    $eta   =   array("Francesco"=>"22",   "Ada"=>"15",
"Marco"=>"30");
    echo "Marco ha " . $eta['Marco'] . " anni.";
?>
```

Un array di questo tipo può anche essere definito in modo meno conciso così:

```php
<?php
    $eta['Francesco'] = "22";
    $eta['Ada'] = "15";
    $eta['Marco'] = "30";
    echo "Marco ha " . $eta['Marco'] . " anni.";
?>
```

L'ultimo tipo di array che affrontiamo è il più complesso ovvero un array a più dimensioni infatti si tratta di un array che contiene altri array. Per capire meglio questo tipo di struttura facciamo finta di essere un fruttivendolo e di volere una tabella che rappresenti questa situazione:

Nome frutto	Acquistati	Venduti
Mela	20	15
Pera	10	5
Fragola	10	10

Questa rappresentazione (anche detta matrice) può essere riassunta con array di array:

```php
<?php
    $frutta = array
    (
        array("Mela", 20, 15),
        array("Pera", 10, 5),
        array("Fragola", 10, 10)
    );

    echo        $frutta[0][0]."      Acquistati:
".$frutta[0][1].  " Venduti:  "  . $frutta[0][2]  .
"<br>";
    echo        $frutta[1][0]."      Acquistati:
".$frutta[1][1].  " Venduti:  "  . $frutta[1][2]  .
"<br>";
```

```php
echo        $frutta[2][0].":        Acquistati:
".$frutta[2][1].    "   Venduti:   "  .  $frutta[2][2]   .
"<br>";
?>
```

In questo caso accediamo agli elementi come nel gioco della battaglia navale muovendoci per righe e colonne infatti accediamo alla variabile *frutta* con due indici, il primo relativo alla riga, il secondo relativo alla colonna.

Operatori e costrutti base

In PHP sono disponibili i comuni operatori aritmetici, comparazione, incremento / decremento e operatori logici. Vediamo questi operatori molto velocemente soffermandoci sui più particolari:

```php
<?php
    //Operatori aritmetici
    $x = 15;
    $y = 6;
    $somma = $x + $y;
    echo ("Somma:" . $x + $y . "<br>");
    echo ("Somma: $somma <br>");


    echo ("Sottrazione: " . ($x - $y) ."<br>");


    $molt = $x * $y;
    echo ("Moltiplicazione: $molt<br>");


    $div = $x / $y;
    echo ("Divisione: $div<br>");


    $mod = $x % $y;
    echo ("Modulo: $mod<br>");
    $esp = $x ** $y;
    echo ("Esponente: $esp<br>");
?>
```

L'output sarà il seguente:

```
Warning: A non-numeric value encountered
Somma: 21
Sottrazione: 9
Moltiplicazione: 90
Divisione: 2.5
Modulo: 3
Esponente: 11390625
```

E' interessante notare la prima e seconda riga infatti PHP non consente la concatenazione di stringhe e operandi, per poter ovviare a questo problema è necessario storicizzare in una variabile il risultato oppure usare le parentesi come è stato fatto per la sottrazione.

Nei nostri programmi può essere utile comparare dei valori e talvolta comparare anche il tipo di alcune variabili pertanto analizziamo questi operatori:

```php
<?php
    $x = 100;
    $y = "100";
    $z = 10;

    var_dump($x == $y);   // ritorna true perchè i valori
sono uguali
    echo "<br>";

    var_dump($x === $y); // ritorna false perchè i valori
sono uguali ma il tipo è diverso
```

```php
    echo "<br>";

    var_dump($x != $y);    // ritorna false perchè i valori
sono diversi
    echo "<br>";

    var_dump($x !== $y);    // ritorna true perchè le
variabili non sono dello stesso tipo
    echo "<br>";

    var_dump($x > $z);    // ritorna true perchè $x è
maggiore di $z
    echo "<br>";

    var_dump($x >= $z);    // ritorna true perchè $x è
maggiore di $z
    echo "<br>";

    var_dump($x < $z);    // ritorna false perchè $x è minore
di $z
    echo "<br>";

    var_dump($x <= $z);    // ritorna false perchè $x è minore
di $z
    echo "<br>";

    echo ($z <=> $x);    // ritorna -1 perchè $z è minore di
$x
    echo "<br>";
```

```php
echo ($x <=> $y); // ritorna 0 perchè i valori sono
uguali
echo "<br>";

echo ($x <=> $z); // ritorna +1 perchè $x è maggiore di
$z
?>
```

L'output di questi operatori è il seguente:

```
bool(true)
bool(false)
bool(false)
bool(true)
bool(true)
bool(true)
bool(false)
bool(false)
-1
0
1
```

Completiamo gli operatori con quelli di incremento / decremento e gli operatori logici. Tutti questi operatori ci consentono di definire delle condizioni da valutare per i costrutti che vedremo a breve.

```php
<?php
    $x = 10;
    $y = 20;
    echo ++$x . "<br>";
    // $x vale 11
    echo $x++ . "<br>";
    // $x vale 12
    echo --$x . "<br>";
    // $x vale 11
    echo $x-- . "<br>";
    // $x vale 10


    // Equivale a $x == 11 && $y == 20
    if ($x == 11 and $y == 20) {
        echo "Condizione 1 verificata <br>";
    }


    // Equivale a $x == 10 or $y == 20
    if ($x == 10 || $y == 20) {
        echo "Condizione 2 verificata <br>";
    }

    if (!$z) {
        echo "La variabile z non è definita";
    }
```

Gli operatori di incremento / decremento sono abbastanza intuitivi infatti aggiungono / sottraggono il valore di 1 unità e l'operatore può essere prefisso o suffisso. *++x* indica prima effettua l'incremento e successivamente usa il valore, *x++* indica usa il valore e poi incrementa il valore.

Gli operatori logici *and* e *or* anche detti operatori booleani instaurano una relazione tra due o più proposizioni in modo che il risultato sia un valore vero o falso. L'operatore *not* (!) restituisce vero solo se la variabile che lo segue ha un valore di falsità, nota bene che anche *NULL* è un valore di falsità.

Costruiamo un po' di logica in modo da avere più familiarità con il linguaggio e creare delle condizioni basilari ma più articolate. Esamineremo alcuni costrutti come *if...else, switch, while, for* per creare condizioni o cicli.

```php
<?php
$frutta = array("Mela","Pera","Fragola", NULL);
$arrlength = count($frutta);

for ($i = 0; $i < $arrlength; $i++) {
  if (!$frutta[$i]) {
    echo "Valore con indice $i non valido";
  } else {
    echo "Frutto n. ". ($i+1) . ": $frutta[$i]
<br>";
  }
}
?>
```

In questo esempio abbiamo utilizzato due costrutti nuovi insieme a quanto avevamo già visto.

Il costrutto *if...else* valuta delle condizioni ed esegue azioni diverse infatti vengono specificati dei blocchi di istruzioni che nelle giuste condizioni verranno eseguiti. Abbiamo anche implementato un ciclo ovvero la ripetizione di una serie di istruzioni finché non viene raggiunta una condizione di uscita. In questo caso abbiamo creato un array, calcolato la sua cardinalità ed infine abbiamo costruito un ciclo per ogni

35

elemento a partire dall'indice 0. All'interno del ciclo abbiamo inserito delle condizioni in modo che se un elemento dell'array non è definito viene restituito un errore con l'indice dell'elemento nullo altrimenti viene restituito l'elemento stesso.

Il risultato di questo codice è il seguente:

```
Frutto n. 1: Mela
Frutto n. 2: Pera
Frutto n. 3: Fragola
Valore con indice 3 non valido
```

Nota bene che il quarto elemento è nullo pertanto l'indice dell'array sarà 3 dato che la numerazione degli indici in PHP parte da zero.

Un altro modo per costruire cicli è utilizzando il costrutto *while()*, proviamo a riscrivere lo stesso ciclo con questo nuovo costrutto:

```php
<?php
$frutta = array("Mela","Pera","Fragola", NULL);
$arrlength = count($frutta);

$i = 0;
while ($i < $arrlength) {
    if (!$frutta[$i] == false) {
        echo "Frutto n. ". ($i+1) . ": $frutta[$i] <br>";
    } else {
        echo "Valore con indice $i non valido";
    }
    $i++;
}
?>
```

Il risultato di questo codice sarà uguale al precedente, abbiamo soltanto usato un modo diverso per inizializzare la variabile *$i*, definire il ciclo e una condizione di uscita.

Con il *while* il blocco di istruzioni viene eseguito soltanto se la condizione è rispettata mentre la variante *do...while* consente di eseguire almeno una volta il blocco di istruzioni e poi ripeterlo fino a quando la condizione specificata risulta vera:

```php
<?php
    $frutta = array("Mela","Pera","Fragola", NULL);
    $arrlength = count($frutta);


    $i = 0;

    do {
        if (!$frutta[$i] == false) {
            echo "Frutto n. ". ($i+1) . ":
$frutta[$i] <br>";
        } else {
            echo "Valore con indice $i non valido";
        }
        $i++;
    } while($i < $arrlength);
?>
```

Ancora una volta il risultato non cambia, cambia il costrutto usato per il nostro codice e solo con tanta pratica riusciremo a capire quando usare uno piuttosto che un altro.

Prima di passare al costrutto *switch* riassumiamo i diversi tipi di ciclo che abbiamo analizzato:

- *for* esegue un blocco di codice per un numero definito di volte
- *while* esegue un blocco di codice finché la condizione specificata è vera
- *do...while* esegue un blocco di codice una volta e lo ripete finché la condizione specificata è vera

Il costrutto *switch,* come in altri linguaggi, viene utilizzato per eseguire diverse azioni in base a diverse condizioni.

```php
<?php
    $frutta = array("Mela","Pera","Fragola", NULL);
    switch ($frutta[0]) {
      case "Fragola":
        echo "F";
        break;
      case "Mela":
        echo "M";
        break;
    case "Pera":
        echo "P";
        break;
    default:
        echo "-";

    }
?>
```

In questo caso verrà restituito il carattere *M* poiché abbiamo passato in input al costrutto il primo valore dell'array ed in base a questo valore abbiamo stampato in pagina una lettera se il valore è riconosciuto, un trattino altrimenti. Come puoi intuire questo costrutto equivale ad una serie di condizioni del tipo *if...else* ma per mantenere il codice leggibile è consigliato usare uno *switch*.

Per pura didattica riscriviamo questo *switch* con tanti *if...else* al fine di mostrarne l'equivalenza:

```php
<?php
    $frutta = array("Mela","Pera","Fragola", NULL);
    if ($frutta[0] == "Fragola") {
        echo "F";
    } elseif ($frutta[0] == "Mela") {
        echo "M";
    } elseif ($frutta[0] == "Pera") {
        echo "P";
    } else {
        echo "-";
    }
?>
```

Funzioni

Immaginiamo che per la nostra pagina Web abbiamo bisogno di una funzione che restituisca l'iniziale del nome di un frutto, utile a popolare i valori di un menu a tendina nella pagina Web. Per questo compito utilizzeremo il costrutto *switch* visto in precedenza.

```php
<?php
$frutta = array("Mela","Pera","Fragola", NULL);

function estraiNome($nomeFrutto) {
    $lettera = NULL;
    switch ($nomeFrutto) {
        case "Fragola":
            $lettera = "F";
            break;
        case "Mela":
            $lettera = "M";
            break;
        case "Pera":
            $lettera = "P";
            break;
        default:
            $lettera = "-";
    }
    return $lettera;
}

echo estraiNome($frutta[0]); // restituisce M
```

```php
echo "<br>" . estraiNome($frutta[1]); // restituisce
P
echo "<br>" . estraiNome($frutta[2]); // restituisce
F
echo "<br>" . estraiNome($frutta[3]); // restituisce
-

?>
```

La funzione appena creata restituisce l'iniziale del frutto se la variabile assume uno di quei valori, altrimenti restituisce un trattino nel caso in cui nessuna condizione precedente sia verificata.

Una funzione, come avrai notato, è un blocco di istruzioni che possono essere ripetuti in un programma, le funzioni hanno bisogno di essere definite specificando qual è il loro compito. Una funzione definisce il suo compito tra le parentesi graffe { } e, dopo essere stata definita, può essere invocata per eseguire il compito desiderato.

Una funzione può anche prendere in input uno o più argomenti come abbiamo fatto nell'esempio per l'argomento di nome *$nomeFrutto* che viene trattato come una vera e propria variabile con scope relativo solo alla funzione.

Uno dei problemi di PHP è la sua tipizzazione debole che può portare ad errori in fase di conversione dati, per ovviare a questo problema in PHP 7 è stata aggiunta una funzionalità molto utile: *strict.* Senza questo requisito PHP continuerà ad associare in modo autonomo un tipo di dati alle variabili, a seconda del valore contenuto. Per evitare che ciò accada possiamo comunicare a PHP quale sarà il tipo della variabile perciò riscriviamo la funzione precedente con il requisito *strict:*

```php
<?php declare(strict_types=1); // requisito strict
$frutta = array("Mela","Pera","Fragola", NULL);


function estraiNome(String $nomeFrutto) {
    $lettera = NULL;
    switch ($nomeFrutto) {
        case "Fragola":
            $lettera = "F";
            break;
        case "Mela":
            $lettera = "M";
            break;
        case "Pera":
            $lettera = "P";
            break;
        default:
            $lettera = "-";
    }
    return $lettera;
}


echo estraiNome($frutta[0]); // restituisce M
echo "<br>" . estraiNome($frutta[1]); // restituisce
P
```

```
echo "<br>" . estraiNome($frutta[2]); // restituisce
F
echo "<br>" . estraiNome($frutta[3]); // restituisce
Fatal error
?>
```

Avrai notato che abbiamo soltanto aggiunto il requisito *strict* nella dichiarazione del tag PHP e abbiamo inserito il tipo di dato che prende in input la funzione. Questo funziona bene per i primi tre elementi dell'array *$frutta* ma non funziona per l'ultimo elemento dato che non si tratta di una stringa.

Il risultato di questo script, infatti, è il seguente:

```
M
P
F Fatal error: Uncaught TypeError: Argument 1 passed
to estraiNome() must be of the type string, null given
```

In questo caso la funzione restituisce un valore grazie alla parola chiave *return* e possiamo anche definire il tipo di dato del valore che la funzione restituisce. Nell'esempio precedente non abbiamo aggiunto nessun vincolo di questo tipo infatti la funzione potrebbe restituire anche un valore NULL senza alcun errore.

Adesso aggiungiamo questo vincolo ovvero la nostra funzione potrà restituire solo valori di tipo *String:*

```php
<?php declare(strict_types=1); // requisito strict
    $frutta = array("Mela","Pera","Fragola", NULL);


    function estraiNome($nomeFrutto) : String {
        $lettera = NULL;
        switch ($nomeFrutto) {
            case "Fragola":
                $lettera = "F";
                break;
            case "Mela":
                $lettera = "M";
                break;
            case "Pera":
                $lettera = "P";
                break;
            default:
                $lettera = "-";
        }
        return $lettera;
    }


echo estraiNome($frutta[0]); // restituisce M
echo "<br>" . estraiNome($frutta[1]); // restituisce
P
```

45

```php
echo "<br>" . estraiNome($frutta[2]); // restituisce
F
echo "<br>" . estraiNome($frutta[3]); // restituisce
-
?>
```

Per mostrare il funzionamento di questo vincolo abbiamo modificato la funzione in modo da accettare tutti i tipi di input in ingresso e abbiamo specificato un tipo di dato in uscita. I risultati della funzione potranno solo essere di tipo stringa, l'output sarà:

M
P
F
-

Nel prossimo capitolo vedremo come gestire i file con PHP per poterli leggere o scrivere all'interno delle nostre applicazioni per esempio oppure, scenario molto comune, come effettuare l'upload di un file.

Classi

Una classe in qualsiasi linguaggio di programmazione orientato agli oggetti rappresenta un elemento fondamentale dato che si tratta di un template per la creazione di oggetti. In PHP una classe è una collezione di variabili dette proprietà e compiti specifici detti metodi. Per definire una classe è necessaria la parola chiave *class* seguita dal nome della classe e un blocco contenente proprietà e metodi.

Di seguito mostriamo la definizione della classe *Frutto:*

```php
<?php
    class Frutto{
        public $nome;
        public $colore;
        public $meseStagionatura;
    }
?>
```

In questa classe abbiamo definito delle proprietà anche dette *attributi* o *campi* che verranno ripetute per ogni istanza di questa classe. La visibilità di queste proprietà dipende dalla parola chiave che li precede:

- *public*: è possibile accedere alle proprietà da qualsiasi parte del nostro codice, in questo modo qualsiasi altra classe o funzione può accedere a queste proprietà;

- *protected*: è consentito l'accesso a queste proprietà soltanto da parte della classe stessa o da parte delle classi che la estendono, genitori compresi;
- *private*: è il livello di visibilità più restrittivo infatti le proprietà sono visibili solo all'interno della stessa classe che li definisce.

Passiamo ora a definire delle funzioni che recuperano il valore delle proprietà e altre che lo impostano, queste funzioni sono dette rispettivamente *getter* e *setter*.

```php
<?php
    class Frutto{
        private $nome;
        private $colore;
        public $meseStagionatura;

        /* imposto il valore della proprietà
           di tipo private chiamata $nome */
        public function setNome($nome){
            $this->nome = $nome;
        }

        /* recupero il valore della proprietà
           di tipo private chiamata $nome */
        public function getNome(){
            return $this->nome;
        }
    }
?>
```

Come avrai notato abbiamo modificato la visibilità di alcuni campi perché vogliamo che non sia possibile accedere direttamente alle proprietà tramite una classe, bisogna utilizzare i metodi appropriati. Per questo motivo se una classe esterna dovesse accedere alle proprietà *$nome* o *$colore* riceverà un errore.

Per dimostrare questo creiamo un'istanza di frutto, assegniamo il nome e accediamo all'attributo:

```php
<?php
    class Frutto{
        private $nome;
        private $colore;
        public $meseStagionatura;

        /* imposto il valore della proprietà
           di tipo private chiamata $nome */
        public function setNome($nome){
            $this->nome = $nome;
        }

        /* recupero il valore della proprietà
           di tipo private chiamata $nome */
        public function getNome(){
            return $this->nome;
        }
    }

    $frutto = new Frutto();
    $frutto->setNome('Arancia');
    echo $frutto->getNome();

    echo "<br>";
```

```
    echo $frutto->nome;
?>
```

Abbiamo creato l'istanza della classe tramite la parola chiave *new* e successivamente abbiamo usato il metodo *setNome()* per impostare il valore *Arancia* all'attributo *$nome*. Successivamente abbiamo stampato nella nostra pagina Web il nome recuperato tramite la funzione e poi il nome recuperato tramite accesso diretto alla proprietà.

Il risultato sarà il seguente:

```
Arancia
Fatal error: Uncaught Error: Cannot access private
property Frutto::$nome
```

L'errore restituito è abbastanza esplicito ed è relativo alla visibilità della proprietà *$nome*.

Per le proprietà è anche possibile definire un valore predefinito, introduciamo una nuova proprietà che identifica un fornitore e supponiamo che attualmente ci sia un unico fornitore di frutta. Per completezza inseriamo anche le funzioni relative alle altre proprietà:

```
<?php
    class Frutto{
        private $nome;
        private $colore;
        public $meseStagionatura;
        private $fornitore = 'FRUTTA FRUTTA';
```

```php
/* imposto il valore della proprietà
   di tipo private chiamata $nome */
public function setNome($nome){
    $this->nome = $nome;
}

/* recupero il valore della proprietà
   di tipo private chiamata $nome */
public function getNome(){
    return $this->nome;
}

/* imposto il valore della proprietà
   di tipo private chiamata $colore */
public function setColore($colore){
    $this->colore = $colore;
}

/* recupero il valore della proprietà
   di tipo private chiamata $colore */
public function getColore(){
    return $this->colore;
}

/* imposto il valore della proprietà
   di tipo private chiamata $fornitore */
public function setFornitore($fornitore){
    $this->fornitore = $fornitore;
```

```php
    }

    /* recupero il valore della proprietà
       di tipo private chiamata $fornitore */
    public function getFornitore(){
        return $this->fornitore;
    }
}
?>
```

File in PHP

In questo paragrafo impareremo a gestire i file in PHP e le operazioni comuni come creazione, lettura, modifica ed infine come gestire l'upload di un file.

E' fondamentale prestare attenzione quando si usano i file infatti spesso possiamo inciampare in errori che possono costarci caro, immaginate per esempio di modificare o cancellare il file sbagliato oppure scrivere così tanto da saturare il disco rigido della macchina.

La prima funzione che andremo ad affrontare è la lettura del file *codifica.txt* che contiene il seguente testo:

```
F = Fragola
M = Mela
P = Pera
```

Per leggere un file e scriverlo nel buffer di output è necessario usare la funzione *readfile()* come segue:

```php
<?php
        echo readfile("codifica.txt");
?>
```

In questo modo la funzione restituirà il contenuto del file *codifica.txt* che è posizionato allo stesso livello del nostro file PHP all'interno dell'alberatura.

54

Un modo migliore e con più funzioni per la gestione di un file è la funzione *fopen()* che consente di specificare come primo parametro il nome del file e come secondo parametro la modalità in cui esso deve essere aperto. Ci sono diverse modalità ma le più utili sono:

- "r" per sola lettura a partire dall'inizio del file
- "r+" per lettura/scrittura a partire dall'inizio del file
- "w" per sola scrittura del file, se esiste cancella il contenuto e riscrive il file, altrimenti ne crea uno nuovo
- "w+" per lettura/scrittura del file, se esiste cancella il contenuto e riscrive il file, altrimenti ne crea uno nuovo

Le altre modalità differiscono per il valore restituito in base all'esistenza del file o alla posizione del puntatore che viene restituito.

Una volta aperto o creato il file viene usata la funzione *fread()* per leggerne il contenuto e questa funzione ha due parametri, il primo è il nome del file da leggere, il secondo indica quanti byte di quel file leggere. Se vogliamo leggere un file interamente useremo la funzione *filesize()* che restituisce la dimensione del file specificato in input.

Infine è buona norma chiudere i file che sono stati aperti per evitare uno spreco di risorse, pratica comune a tutti i linguaggi di programmazione.

Per fare ciò usiamo la funzione *fclose()* che accetta un unico parametro ovvero il nome del file da chiudere.

Di seguito un esempio dove usiamo queste quattro funzioni:

```php
<?php
$codificaFile = fopen("codifica.txt", "r") or
die("Impossibile aprire il file!");
echo
fread($codificaFile,filesize("codifica.txt"));
fclose($codificaFile);
?>
```

Potremmo anche voler leggere solo una riga di un file, in quel caso useremo la funzione *fgets()* o leggere solo un carattere di un file allora useremo la funzione *fgetc()*.

Potremmo anche leggere un intero file dall'inizio alla fine sfruttando il ciclo *while* visto in precedenza ovvero andiamo a leggere il file finché non viene raggiunto un particolare carattere che indica la fine del file:

```php
<?php
$codificaFile = fopen("codifica.txt", "r") or
die("Impossibile aprire il file!");
// Mostro su video una riga alla volta finché il
file non è finito
while(!feof($codificaFile)) {
  echo fgets($codificaFile) . "<br>";
}
fclose($codificaFile);
?>
```

Per scrivere un file possiamo usare la funzione *fopen()* già vista in precedenza in modalità scrittura per aprire il file e la funzione *fwrite()*
56

per scrivere su file. Quest'ultima funzione accetta due parametri in input: il nome del file ed il testo da aggiungere, rispettivamente. In questo modo si andrà a cancellare il contenuto del file per poter consentire la scrittura di altro testo:

```php
<?php
    $codificaFile    =    fopen("codifica.txt",    "w")    or
die("Impossibile aprire il file!");
    $testoProva = "Prova\n";
    fwrite($codificaFile, $testoProva);
    fclose($codificaFile);
?>
```

Vediamo adesso un esempio molto pratico e che sicuramente vi sarà molto utile nelle pagine che richiedono l'upload di un file. Per prima cosa è fondamentale aprire il file *php.ini* all'interno della cartella *htdocs* ed attivare la direttiva *file_uploads* impostandola con il valore *On.*
Creiamo una piccola pagina HTML che contiene il form da inviare con il file allegato:

```html
<!DOCTYPE html>
<html>
<body>

<form        action="upload.php"        method="post"
enctype="multipart/form-data">
    Seleziona il file da inviare:
```

```
    <input         type="file"         name="fileToUpload"
id="fileToUpload">
    <input              type="submit"              value="Invia"
name="submit">
</form>

</body>
</html>
```

Per chi non conoscesse l'HTML il form si tratta di una struttura usata per raccogliere dati dell'utente ad esempio possiamo pensare di usare un form per i dati personali di un candidato e permettere di allegare il proprio CV, accettando addirittura solo file di un determinato tipo ad esempio PDF.

E' fondamentale impostare il metodo da usare su *post* infatti esistono diversi tipi di richieste tramite HTTP ma i principali sono GET e POST. Il primo è usato di solito per recuperare delle informazioni o per passare delle informazioni "in chiaro" quindi chiunque può vederle all'interno dell'URL invocato.

Il metodo POST invece si differenzia in quanto i parametri della richiesta vengono passati nel corpo della richiesta HTTP e non all'interno dell'URL pertanto è adatto ad informazioni personali.

Detto ciò possiamo creare lo script di gestione dell'upload che abbiamo chiamato *upload.php*:

```php
<?php
$cartella_dest = "uploads/";
$file_dest           =           $cartella_dest        .
basename($_FILES["fileToUpload"]["name"]);
$uploadOk = 1;
$fileType                                            =
strtolower(pathinfo($file_dest, PATHINFO_EXTENSION));

// Controllo se il file esiste già
if (file_exists($file_dest)) {
    echo "Il file esiste già.";
    $uploadOk = 0;
}
// Controllo che la dimensione del file sia < 5 MB
if ($_FILES["fileToUpload"]["size"] > 5000000) {
    echo "Il file inserito è troppo grande.";
    $uploadOk = 0;
}
// Verifico l'estensione del file per accettare solo
PDF
if($fileType != "pdf") {
    echo "Sono consentiti soltanto file in formato
PDF.";
    $uploadOk = 0;
}
// Controllo se ci sono errori
if ($uploadOk == 0) {
```

```php
    echo "Si è verificato un errore durante il
caricamento.";
    // Se non ci sono errori effettuo il caricamento del
file
    } else {
        if
(move_uploaded_file($_FILES["fileToUpload"]["tmp_nam
e"], $file_dest)) {
            echo "Il file ". basename(
$_FILES["fileToUpload"]["name"]). " è stato
caricato.";
        } else {
            echo "Si è verificato un errore durante il
caricamento.";
        }
    }
?>
```

Come puoi notare in questo codice abbiamo usato molte funzioni e qualcosa di nuovo. Prima di tutto bisogna creare una cartella denominata *uploads* nello stesso nodo in cui è presente il file *upload.php*. Dopo aver fatto ciò abbiamo definito dove scrivere il file che caricheremo ovvero all'interno della cartella creata. Verifichiamo che la dimensione sia inferiore a 5 megabyte leggendo dalla variabile globale *$_FILES* la proprietà *size*. Successivamente abbiamo verificato se l'estensione del file che stiamo caricando è diversa dalla stringa *pdf*, abbiamo confrontato solo la stringa scritta con caratteri minuscoli in

60

quanto abbiamo usato la funzione *strtolower()* in precedenza che data una stringa in ingresso ne restituisce l'equivalente composto solo da caratteri minuscoli.

Infine verifico che il flag per rilevare gli errori sia diverso da zero per consentire il caricamento del file.

Sessione e Cookie

Il protocollo HTTP non prevede alcun legame di continuità durante la navigazione infatti ogni connessione tra client e server viene chiusa ad ogni richiesta evasa pertanto il protocollo HTTP è detto *stateless*.

In realtà quando iniziamo la navigazione nel browser iniziamo una nuova *sessione* che terminerà appena chiudiamo il browser. Ad ogni nuova sessione viene assegnato un identificativo univoco che consente di tracciare l'intera navigazione del cliente che deve essere sfruttata per creare una migliore esperienza utente.

Questi dati vengono memorizzati lato server ma prima di tutto è necessario abilitare questa funzionalità nel codice PHP tramite la funzione *session_start()*. In tal modo verrà generato automaticamente un identificativo per la sessione contestualmente creata, avremo quindi accesso alla variabile globale *$_SESSION* nella quale possiamo memorizzare i dati dell'utente:

```php
<?php
    // Creo la sessione
    session_start();

    // Salvo dati in sessione
    $_SESSION['nome_visitatore'] = "Filippo";
    $_SESSION['cognome_visitatore'] = "Bianchi";

    // Recupero id e dati dalla sessione
```

```php
echo      "Visita      fatta      da      "    .
$_SESSION['nome_visitatore']      .      "      "      .
$_SESSION['cognome_visitatore'];
      echo "ID della sessione " . session_id();

      //Distruggo la sessione
      session_destroy(); ?>
```

In questo modo possiamo salvare i dati in sessione ovunque e accedere a quei dati salvati in sessione ovunque nel nostro codice. Quando invece non abbiamo più bisogno della sessione possiamo invocare la funzione *session_destroy()* pertanto navigando nelle pagine non avremo più accesso alle informazioni salvate in precedenza.

Pensiamo a quando visitiamo il sito di Amazon e, senza effettuare l'accesso, cerchiamo prodotti di informatica. Chiudiamo il browser e successivamente riapriamo il sito notando che ci consiglia ancora prodotti di informatica. Come è possibile ciò? Questo comportamento è possibile grazie a dei *Cookie* salvati lato client.

I cookie, al contrario di una sessione, consente di memorizzare i dati per un periodo più lungo dato che sono salvati sul client. Questi dati vengono cancellati solo alla loro scadenza o tramite un'azione manuale dell'utente che decide di cancellarli tramite le impostazioni del sito.

PHP mette a disposizione l'array *$_COOKIE* che consente di salvare o manipolare dati proprio come per le sessioni. L'unica differenza consiste nell'assegnare un valore ad un cookie che viene effettuato tramite la funzione *set_cookie()* anziché tramite accesso ad una proprietà.

Nell'esempio seguente abbiamo impostato due cookie dei quali uno con scadenza tra un'ora infatti *time()* restituisce l'ora attuale in secondi a cui sommiamo 3600 secondi cioè un'ora. Recuperiamo il valore del cookie ed infine lo distruggiamo.

```php
<?php
    // Imposto i cookie
    setcookie("NomeVisitatore", "Filippo");

    // Imposto il cookie con scadenza tra un'ora
    setcookie("CognomeVisitatore",    "Bianchi"    ,
time()+3600);

    // Recupero il valore del cookie
    echo    "Questa    visita    è    fatta    da    "    .
$_COOKIE['NomeVisitatore'];

    // Distruggo il cookie
    unset($_COOKIE["NomeVisitatore"]);
    setcookie("NomeVisitatore", null, -1);
?>
```

PHP e MySQL

Adesso che hai preso confidenza con il linguaggio andiamo su qualcosa di più interessante, probabilmente starai costruendo la tua applicazione e a questo punto ti serve un database su cui memorizzare i dati. Grazie all'installazione rapida che abbiamo fatto hai già tutto l'ambiente pronto per il database quindi non è necessario installare altro software. Il database che useremo è MySQL dato che è integrato davvero bene in PHP e anche perché si tratta di un prodotto maturo, affidabile, veloce e facile da usare. Anche se non hai alcuna conoscenza di un database ti guiderò attraverso i comandi base e i più usati.

Quando si utilizza un database ogni richiesta viene anche detta *query* ovvero una estrazione o inserimento dati. La sintassi con cui formulare queste richieste è detta sintassi SQL da cui il database prende il nome.

Per accedere facilmente al database digita *localhost/PHPMyAdmin* all'interno del tuo browser e verrà mostrato un pannello dove dovrai definire una password per l'utente *root* ovvero l'utente con i massimi privilegi.

Dopo aver salvato la password per l'utente principale, andremo a stabilire una connessione al database tramite PHP.

Creiamo un file denominato *connessione_db.php* all'interno della cartella *htdocs* che già conosci e lo salviamo.

```php
<?php
    function apriConn() {
        $dbhost = "localhost";
        $dbuser = "root";
        $dbpass = "123456";
        $conn = new mysqli($dbhost, $dbuser, $dbpass)
    or die("Connessione fallita: %s\n". $conn -> error);

        return $conn;
    }

    function chiudiConn($conn) {
        $conn -> close();
    }
?>
```

Come puoi notare abbiamo usato le credenziali dell'utente *root* compresa la password che nel nostro caso è 123456 ai soli fini di didattica. Questo file appena definito dovrà essere incluso all'interno dei file PHP dove hai bisogno del database, in questo modo la tua applicazione potrà essere modulare rendendo più facile la manutenzione.

Torniamo adesso al file dove creare un nuovo database denominato *prova*:

```php
<?php
    include 'connessione_db.php';
    $connessione = apriConn();
    echo "Connessione effettuata con successo";

    // Creo il database
    $sql = "CREATE DATABASE prova";
    if ($conn->query($sql) === TRUE) {
        echo "Database creato con successo";
    } else {
        echo "Errore nella creazione del database: "
    . $conn->error;
    }

    chiudiConn($connessione);
?>
```

In questo modo abbiamo creato un nuovo database nel quale a breve inseriremo una tabella molto semplice dedicata ai nostri frutti. Nella tabella del database per ogni frutto avremo un identificativo numerico univoco, il nome, il colore ed il mese di stagionatura ed il fornitore.

L'identificativo numerico sarà creato dalla funzione *AUTO_INCREMENT* di MySQL che ad ogni inserimento incrementa il valore di una unità a partire da 1, gli altri campi saranno delle stringhe a lunghezza fissa di massimo 25 caratteri e non nulli.

```php
<?php
    include 'connessione_db.php';
    $connessione = apriConn();
    echo "Connessione effettuata con successo";


    // Creo il database
    $sql = "CREATE DATABASE prova";
    if ($conn->query($sql) === TRUE) {
        echo "Database creato con successo";
    } else {
        echo "Errore nella creazione del database: "
. $conn->error;
    }


    // query per creare la tabella
    $sql = "CREATE TABLE frutti (
        id INT(6) UNSIGNED AUTO_INCREMENT PRIMARY
KEY,
        nome VARCHAR(25) NOT NULL,
        colore VARCHAR(25) NOT NULL,
        mese VARCHAR(25) NOT NULL,
        fornitore VARCHAR(25) NOT NULL
    )";
```

```
if ($conn->query($sql) === TRUE) {
    echo "Tabella frutti creata con successo";
} else {
    echo "Errore nella creazione della tabella:
" . $conn->error;
}

chiudiConn($connessione); ?>
```

La creazione della tabella definisce una chiave primaria ovvero un valore numerico univoco senza segno (positivo o negativo) che identifica ogni frutto, dopo aver creato la query verifichiamo con un *if...else* se ci sono stati errori in fase di creazione e li stampiamo nella pagina Web.

Ora che abbiamo definito la struttura del nostro database possiamo inserire e, successivamente recuperare, i nostri dati pertanto integriamo le corrispondenti righe di codice. Per queste operazioni useremo gli statement *INSERT* e *SELECT* propri del database MySQL. Data la struttura della tabella dovremo obbligatoriamente specificare tutti i valori poiché li abbiamo definiti *NOT NULL* in fase di creazione ad eccezione dell'identificativo che essendo incrementato automaticamente dal database non ha bisogno di essere specificato.

La sintassi per l'inserimento prevede:

INSERT INTO nome_tabella (proprieta1_da_inserire, proprieta2_da_inserire) VALUES valore1, valore2

La sintassi per restituire degli elementi prevede:

69

SELECT proprieta1_da_restituire, proprieta2_da_restituire FROM nome_tabella

Nell'esempio seguente useremo molti costrutti visti sino ad ora, costrutti *if...else, while()* e qualche nuova funzione come *fetch_assoc()* che restituisce una riga a partire da un array associativo.

```php
<?php
    include 'connessione_db.php';
    $connessione = apriConn();
    echo "Connessione effettuata con successo";

    // Creo il database
    $sql = "CREATE DATABASE prova";
    if ($conn->query($sql) === TRUE) {
        echo "Database creato con successo";
    } else {
        echo "Errore nella creazione del database: "
. $conn->error;
    }

    // query per creare la tabella
    $sql = "CREATE TABLE frutti (
        id INT(6) UNSIGNED AUTO_INCREMENT PRIMARY
KEY,
        nome VARCHAR(25) NOT NULL,
        colore VARCHAR(25) NOT NULL,
        mese VARCHAR(25) NOT NULL,
        fornitore VARCHAR(25) NOT NULL
    )";
```

```php
if ($conn->query($sql) === TRUE) {
    echo "Tabella frutti creata con successo <br>";

    $sql = "INSERT INTO frutti (nome, colore, mese, fornitore)
    VALUES ('Arancia', 'Arancione', 'Gennaio', 'FRUTTA FRUTTA')";
    if ($conn->query($sql) === TRUE) {
        echo "Riga inserita con successo";

        $sql = "SELECT id, nome, colore, mese, fornitore FROM frutti";
        $result = $conn->query($sql);

        if ($result->num_rows > 0) {
            // Mostro id, nome e colore di ogni frutto presente nella tabella
            while($row = $result->fetch_assoc()) {

                echo "id: " . $row["id"]. " - Nome: " . $row["nome"]. " " . $row["colore"]. "<br>";
            }
        } else {
            echo "Nessun risultato - Non ci sono frutti in tabella";
        }
    } else {
```

```
            echo "Errore nell'inserimento della riga:
    " . $sql . "<br>" . $conn->error;
            }
        } else {
            echo "Errore nella creazione della tabella:
    " . $conn->error;
        }

        chiudiConn($connessione);
    ?>
```

Come avrai notato abbiamo riutilizzato la stessa variabile per tutte le query eseguite, per quanto concerne il ritrovamento dei dati tramite lo statement *SELECT*, abbiamo eseguito la query e memorizzato il valore all'interno di una variabile denominata *$result*. Abbiamo successivamente invocato il metodo *num_rows()* definito in *$result* per verificare il numero di righe restituito e se maggiore di zero iniziare un ciclo. Il ciclo itera gli elementi presenti nell'array associativo creato dalla funzione *fetch_assoc()* e mostra ogni volta alcune proprietà di ogni frutto mostrandone l'identificativo numerico, il nome ed il colore.

Supponiamo adesso di voler aggiornare un dato all'interno della tabella *frutti*, abbiamo bisogno di un altro statement MySQL detto *UPDATE*.

Riporteremo per semplicità soltanto lo statement per l'aggiornamento, in particolare il fornitore diventerà *FRUTTA PIU* anziché *FRUTTA*

FRUTTA. E' ovvio che la query deve essere eseguita dopo aver creato il database, la tabella e dopo aver inserito dei valori all'interno di essa.

```php
<?php
    $sql = "UPDATE frutti SET fornitore = 'FRUTTA
PIU' WHERE id = 1";

    if ($conn->query($sql) === TRUE) {
        echo "Riga aggiornata con successo";
    } else {
        echo "Errore nell'aggiornamento della riga:
" . $conn->error;
    }
?>
```

La sintassi dell'aggiornamento prevede:

UPDATE nome_tabella SET proprieta_da_aggiornare = nuovo_valore WHERE proprieta = valore_esistente

In questo caso abbiamo selezionato dalla tabella la riga con identificativo pari a 1 e ne abbiamo modificato il valore della proprietà *fornitore*.

Per verificare che l'aggiornamento sia andato a buon fine, oltre a verificare se il valore restituito dalla funzione *query()* è vero puoi effettuare un'altra query di tipo *SELECT*.

E' fondamentale specificare una clausola *WHERE* altrimenti verranno aggiornate tutte le righe presenti nella tabella.

Supponiamo che questo frutto non sia più disponibile e abbiamo la necessità di eliminarlo dal database, questo è possibile grazie ad uno statement di tipo *DELETE*.

La sintassi di questo statement prevede:

DELETE FROM nome_tabella WHERE nome_proprieta = valore_proprieta

```php
<?php
    $sql = "DELETE FROM frutti WHERE id = 1";

    if ($conn->query($sql) === TRUE) {
        echo "Riga cancellata con successo";
    } else {
        echo "Errore nella cancellazione della riga:
" . $conn->error;
    }
?>
```

Infine riportiamo il codice integrale delle operazioni effettuate sul database: creazione del database, creazione della tabella, inserimento dei dati nella tabella, lettura dei dati dalla tabella, aggiornamento dei dati in tabella ed infine cancellazione dei dati. Queste operazioni basilari sono anche dette *operazioni CRUD* che è l'acronimo di *C*reate, *R*ead, *U*pdate e *D*elete.

```php
<?php
    include 'connessione_db.php';
    $connessione = apriConn();
    echo "Connessione effettuata con successo";

    // Creo il database
    $sql = "CREATE DATABASE prova";
    if ($conn->query($sql) === TRUE) {
        echo "Database creato con successo";
    } else {
        echo "Errore nella creazione del database: " .
$conn->error;
    }

    // query per creare la tabella
    $sql = "CREATE TABLE frutti (
        id INT(6) UNSIGNED AUTO_INCREMENT PRIMARY KEY,
        nome VARCHAR(25) NOT NULL,
        colore VARCHAR(25) NOT NULL,
        mese VARCHAR(25) NOT NULL,
        fornitore VARCHAR(25) NOT NULL
    )";

    if ($conn->query($sql) === TRUE) {
        echo "Tabella frutti creata con successo <br>";

        $sql = "INSERT INTO frutti (nome, colore, mese,
fornitore)
```

```php
        VALUES ('Arancia', 'Arancione', 'Gennaio', 'FRUTTA
FRUTTA')";
        if ($conn->query($sql) === TRUE) {
            echo "Riga inserita con successo";

            $sql = "SELECT id, nome, colore, mese,
fornitore FROM frutti";
            $result = $conn->query($sql);

            if ($result->num_rows > 0) {
                // Mostro id, nome e colore di ogni frutto
presente nella tabella
                while($row = $result->fetch_assoc()) {
                    echo "id: " . $row["id"]. " - Nome: "
. $row["nome"]. " " . $row["colore"]. "<br>";
                }

                $sql = "UPDATE frutti SET fornitore =
'FRUTTA PIU' WHERE id = 1";
                if ($conn->query($sql) === TRUE) {
                    echo "Riga aggiornata con successo";
                } else {
                    echo "Errore nell'aggiornamento della
riga: " . $conn->error;
                }

                $sql = "DELETE FROM frutti WHERE id = 1";
                if ($conn->query($sql) === TRUE) {
                    echo "Riga cancellata con successo";
```

```php
        } else {
            echo "Errore nella cancellazione della
riga: " . $conn->error;
        }
    } else {
        echo "Nessun risultato - Non ci sono frutti
in tabella";
    }
    } else {
        echo "Errore nell'inserimento della riga: " .
$sql . "<br>" . $conn->error;
    }
} else {
    echo "Errore nella creazione della tabella: " .
$conn->error;
}

chiudiConn($connessione);
?>
```

Conclusioni

Come abbiamo avuto modo di vedere PHP è un linguaggio molto semplice da usare, flessibile e con alcune caratteristiche davvero innovative. Il codice PHP può essere integrato facilmente all'interno del codice HTML e la sua interoperabilità è uno dei punti a suo favore. Si tratta comunque di un linguaggio che ha subito numerose trasformazioni a partire dall'anno 1995 in cui è stata rilasciata la prima versione, con PHP7 si è cercato di migliorare alcuni aspetti che nella precedente versione creavano degli scogli per i programmatori. Il risultato di questa evoluzione mostra un aumento delle performance notevole rispetto a PHP5 e tu stesso potrai notare delle differenze con quanto abbiamo mostrato se leggerai o scriverai codice per PHP5, questo libro infatti fa riferimento all'ultima versione del linguaggio.

Stiamo assistendo ad una crescita costante della popolarità di questo linguaggio e, nonostante la rivalità storica con altri come JavaScript e Python, probabilmente sarà il linguaggio predominante nel futuro prossimo. In quest'ottica uno sviluppatore PHP può avere ottime possibilità di fare carriera in futuro e soprattutto di costruire applicazioni robuste, modulari e facili da manutenere.

Ci auguriamo che a questo punto tu abbia già una buona confidenza con il linguaggio pertanto continua ad esercitarti e scrivere codice PHP per affrontare sfide sempre nuove e ti consiglio di approfondire anche i framework basati su PHP come Laravel, Codeigniter, CakePHP e Phalcon solo per citare i più diffusi.